FOI-CY VENGÉ

Conférence recueillie par C. M...

DANS UN JARDIN PRÈS FOI-CY

Pro aris et focis.

PRIX : UN FRANC

TROYES

LÉOPOLD LACROIX, ÉDITEUR

MDCCCLXXXV.

Tiré à cent exemplaires.

FOI-CY VENGÉ

Conférence recueillie par C. M...

DANS UN JARDIN PRÈS FOI-CY

Pro aris et focis.

PRIX : UN FRANC

TROYES

LÉOPOLD LACROIX, ÉDITEUR

MDCCCLXXXV

FOI-CY VENGÉ

I.

Un mot bien fait dans la structure d'une langue est un diamant à précieusement garder. Il est permis de regarder comme profane la main qui se permet d'y toucher avec mauvaise intention. Cette main, non seulement fait tort à l'honneur des ancêtres qui ont créé ce mot, elle nuit aussi à l'idée dont il est le vêtement, l'expression, le symbole révéré. Or, nuire à une idée bonne, utile et vraie, c'est le comble d'une audace, à mon sens, insoumise à tout pardon.

Parmi ces mots bien faits et dignes de révérence, j'en trouve un qui, dans le quart d'heure courant, à cause de circonstances particulières, occupe beaucoup l'attention publique, fait des orages dans des régions sereines par devoir, et met en émoi les organes même de la presse la plus pacifique.

Ce mot, puisqu'il faut le làcher, ce mot, c'est Foi-cy, simple désignation d'un simple domaine, sis aux portes de Troyes, rappelant à la fois les origines chrétiennes du pays, l'existence d'institutions aussi anciennes que respectables, avec des noms de haute valeur historique.

Les souvenirs, à la fois écrits et traditionnels, disent ceci à propos du domaine en litige : Saint Savinien de Samos, vint au IIIe sièle évangéliser Troyes en Champagne. Arrivé sur les bords de la Seine, près Sancy ou Sancey, aujourd'hui Saint-Julien, il trouva la maison d'un riche gallo-romain nommé Parre, et déjà initié aux mystères de la vie chrétienne. La Foy-ici, se serait écrié l'apôtre venu de Samos et de Rome. Ce fils de la savante Grèce, revêtu d'une mission apostolique, constatait-il un fait accompli, ou prononçait-il un *fiat lux* créateur, qui commandait à la lumière de la foi de luire sur les bords du fleuve ? La tradition, en constatant ce mot bien fait, ajoute que le saint, en le prononçant, fixa son bâton de voyageur sur les bords de la Seine ; et le bâton bientôt se revêtit d'une riche frondaison, pareille à la verge d'Aaron, ce qui, dans le style artistique, symbolyse très bien les succès obtenus par le nouveau semeur de la bonne nouvelle.

Quoiqu'il soit de l'interprétation de Foi-cy, ce mot bien fait devint le vocable, l'appellation du riche lopin de terre qui tant occupe l'attention publique. Il a le privilège d'être contemporain de l'évangélisation de la contrée, il est le témoignage de la vieille créance de nos ancêtres.

II.

Cela n'est pas? nous vient dire la critique, et une critique de très moderne apparition. Dans ses journaux et ses brochures, elle déclare s'insurger contre ce mot bien fait, harmonieux, solidement construit. Chose plus merveilleuse encore, cette critique se donnant des airs de maîtresse a l'air de vous dire : on ne me répondra pas *Sit pro ratione volontas*, à quoi le bonhomme Horace répond : *quistam ferreus ut teneat se* ; je passe sous silence *quis inepti tam patiens capitis*. Foi-cy, dit-elle dogmatiquement, est de création récente, et n'a son origine guère que vers le XVIe siècle, au temps où avec Rabelais Ronsard, la langue française faisait effort pour sortir de ses langes. Puis ricanant comme pour montrer sa dent de sagesse, la belle dame vous chuchotte : Foi-cy, oh ! c'était du trop beau français pour le premier ou le deuxième siècle de nos Annales. On le voit, nous ne taisons rien de son argumentation.

Cette critique négative se bifurque en deux systèmes distincts, l'un que j'appellerai personnel ou de l'intrusion, l'autre, plus pédant en grammaire, se nommera syllabique, parce qu'il est fabricant de tessons ou de fragments de mots. Le système personnel ou de l'intrusion fait provenir Foi-cy d'un nom d'homme fantaisiste et s'appuie d'exemples à faire rager l'imagination de nos romanciers et de nos dramaturges. Le système syllabique, lui, s'appuie sur des poussières de mots à grands frais extraits de Chartes plus ou moins nanties de l'habit nuptial de l'authenticité.

Foissi ou *Foissy* bégaye le premier système, est la transformation régulière du bas latin *Faustiacum*. Ce vocable, composé de Faustus et du suffixe gallo-romain *iacum*, qui veut dire villa ou domaine......... signifie donc le domaine de Faustus. J'aime beaucoup le *donc*. Toujours poursuivant la liste de ses créateurs de lieux habités, le système de l'intrusion fait de Lusigny, le domaine de l'intrus Lucincus, de Rouilly, le domaine de l'intrus Rutilas, de Clérey, le domaine de l'intrus Clarus, et puis, que sais-je encore ? Il a des magiciens créateurs à coups de baguettes jusque pour Mussy et Mégrigny, dont l'un doit le jour à certains Mutius et l'autre à un quidam du nom de Macrinus. Système commode, en vérité, pour improviser l'histoire à la façon de Walter-Scott, d'Alexandre Dumas, coloniser avec rien, et qui remet fort bien en mémoire ce héros de la fable, peuplant la Grèce rien qu'en semant des dents de dragon qui se tournoient en hommes. A parler vrai, et chrétiennement, je voudrais bien savoir à quel almanach, à quel auteur classique ou tout autre, digne d'un nom, appartiennent les messieurs du premier système, ces seigneurs, ducs, marquis, consuls ou connétables, amateurs improvisateurs de bourgs, de villages, de labourages ou de charruages, pour nous servir de la vieille orthographe.

III.

La critique syllabique, avec moins de désinvolture et un petit air de profondeur en plus déclare la guerre à Foi-cy, au nom d'un dictionnaire qui lui sert de point de départ, celui *des postes*, qui bravement à propos du lieu en question écrit *Foissi* avec deux *s*, la seule orthographe admissible d'après le système syllabique, orthographe qui a l'avantage de vous mener droit au vocable *Fossé*, ou en poste veut verser madite manière de voir, en compagnie des grenouilles. Car, dit gravement la susdite manière de voir, toutes les chartes du moyen-âge mènent là, dans cette grenouillère homérique, avec leur *Fossyacum*, Fosseycum, Fousséy et autres terminologies de la basoche, du notariat, de l'huisserie, des scriptorium où se bâcloient les titres, se timbroient les quittances des moutiers et des castels. Avec cette plus ou moins grave manière de voir, il faut de toute nécessité se réfugier dans un trou d'Auvergnat peuplé de Batraciens, de rats, d'anguilles, de tatouilles et de sangsues, si l'on ne veut se voir happer par le fanatisme du Foi-cy traditionnel, celui de l'Apôtre Savinien, celui de mille générations de paysans, insurgés contre la critique des clercs.

IV.

Après ce clair et fidèle exposé de la question, j'argumente et je dis :

Si les deux systèmes de critique précités, sont faux, de nulle valeur, l'antique désignation de Foi-cy subsistera, la tradition des bonnes gens sera consolidée, nous demeurerons en possession du vocable bien fait de nos ancêtres.

Or, le système personnel à personnages supposés, comme *Faustus* — je l'ai dit déjà — a un fort grand air de roman, il sentiroit peut-être un peu son faussaire, si je ne me réservois de dire qu'il pue le fabliau de circonstance, et un peu la sotie des bateleurs du moyen-âge. Votre Faustus, à ne vous rien déguiser, revêt un air d'Arlequin qui ne me présente guère la figure d'un grand seigneur, d'un de ces patrons domaniaux qui, maîtres de la glèbe, en faisoient sortir bêtes et gens. Où donc, confident du journal l'*Aube*, avez-vous trouvé votre Faustus créateur de Foicy? Dans quels cartulaires avez-vous rencontré et vos Licinus, et vos Rutilas, et vos Clarus, et vos Mutius, et vos Macrinus, ces Robinson-Crusoë, de Lusigny, de Rouilly, de Clérey, de Mussy, de Mégrigny et autres domaines de votre fantaisie. Où les avez-vous rencontrés, dites, ces Robinsons défricheurs, dans quelles îles fortunées? Nulle part, n'est-ce pas, hormis l'orbe de votre imaginative sujette aux mirages.

Donc, votre système d'interprétation est faux et de nulle valeur. Sa nullité demande un remplaçant. Lequel sera-ce ? Celui que j'ai nommé syllabique, et qui me paraît furieusement frère de l'autre, celui qui se réclame des chartes séculaires ? Hélas, le lecteur va voir que le cadet ne vaut guère mieux que son aîné, et pour avoir un petit air un peu dégrossi, plus dégagé, plus fine taille de guêpe, il n'en est pas moins sujet à caution. Le pauvre cher être a les inconvénients des parchemins qu'il fréquente : il tombe dans les péchés plus ou moins véniels de ces terriers douteux, des grands seigneurs trompés par leurs intendants, par des notaires mûs et tentés par le démon de l'ultra-complaisance.

A nous deux, donc, système syllabaire.

V.

Faustus, le prétendu patriarche de Foi-cy, n'ayant existé jamais, il n'a pu créer jamais le domaine de votre imaginative, celui de votre almanach des postes, celui des chartriers, lus avec de mauvaises lunettes.

L'auteur de la *Revue catholique* avec des *s* de forme majuscule, leurs contours d'anguilles, de tanches et de tatouilles, cet auteur a-t-il un travail plus fructueux, mieux aboutissant ? Tous ces termes de parchemins poudreux, *fossyacum*, *fousseycum* et autres de pareil acabit, veulent dire *fossé* et non Foi-cy, nous affirme-t-on avec aplomb. L'archéologue a fait cette découverte dans les archives des XIIe et XIIIe siècles. Un moment, nous voulons le croire sur parole, notre réformateur linguiste. Nous nous refusons même la permission de lui demander ses auteurs, s'il les a bien lus, s'il a bien deviné leur orthographe compliquée, énigmatique, souvent même pour un élève de l'école des Chartres. Nous nous abstenons de lui demander s'il n'a pas confondu, avec des titres réels, des amplifications d'apprentis, ce qui pourrait pourtant bien être, puisque plusieurs pièces exploitées par son industrie sont sans date et dépourvues de l'authenticité sans laquelle rien ne vaut. Nous taisons ces choses pour ne tomber pas dans l'inconvénient de tout dire à la fois, comme dans certains parlements jadis nommés *Ecreignes*.

Un tout petit malheur pour notre gazetier religieux, et qui le prive du bénéfice de notre crédulité accordée sous bénéfice d'inventaire, c'est que le domaine de Foi-cy existoit avant la langue romane, avant la basse latinité. Il étaloit ses verdoiements au soleil, bien avant les bourgeois gallo-romains, bien avant César et Labiénus, quand les Druides cueilloient le guy à Montgueux et ailleurs, quand ils chantoient leurs dieux en compagnie de leurs Vellédas, à l'entour des Menhirs et des Kromleks de la contrée, sur les tertres de St-Parre, aux bords des fontaines de Fouchères, de Fralignes et de Bar-sur-Seine. Alors, cette vieille terre celtique, objet de tant de convoitises, de disputes, de discussions, avoit, sans nul doute, un nom de provenance celtique comme son origine, un nom formé de ses innombrables monosyllabes dont parlent les commentaires de César, et dont résonnoit le Bardi, la terreur de l'empire romain. Ce que le vieux domaine devoit avoir par convenance, il l'avoit en réalité, Il s'appeloit Foi-cy comme nos collèges druidiques s'appeloient *Berts*, comme nos antiques forêts s'appeloient *Folz*, *Fiel*, comme nos bourgs et villages s'appeloient, l'un Lusigny, l'autre Mussy, un troisième Mégrigny, sans participation de noms d'hommes imaginaires, mais avec les seules particules de l'idiome celtique.

Tout nom bien fait, me plais-je à répéter, rend son objet, en donne l'idée, la configuration, le traduit, en un mot. Nos aïeux, propriétaires de beaucoup de monosyllabes dans leur langue sonore et expressive, avoient *Fo*, *Fol*, *Fi*, *Fou*, *Fey* pour exprimer, traduire le feu, la lumière, le foyer. Le plateau de Folz, avec eux, voudra dire le feu des signaux gaulois, *Fodru*, le feu des druides, *Fiel* rendra le feu ou le foyer du bois près Bar sur-Seine. Dans l'occasion qui nous occupe à propos du terrain mis en litige, *Fo* voudra dire foyer ou lumière, *Y*, de son côté, traduira bois, *cy* signifiera rivière, la Seine. Donc, Foi-cy, en langue druidique, sonnera à l'oreille comme ceci, le foyer du bois de la rivière. Or, si je m'en rapporte aux chroniques du temps, il y avoit bien là un foyer, ne fut-ce que celui de saint Parre et de son ermitage ; il y avoit bien un bois, la garenne dont disposoient les comtes de Champagne, Henri et Thibaut II ; il y avoit bien une rivière qui n'étoit point du tout un fossé, mais un volumineux mélange de la Barse et de la Seine. Nos vieux Tricasses, camarades des Sénones, ne trembloient pas plus devant le vocable Foi-cy, qu'ils n'avoient tremblé devant Delphes et le Capitole, devant Rome et Sinigaglia. Ils ne s'amusoient pas à diminuer les grandes choses par complaisance, et à faire d'un fleuve un fossé pour la convenance des délicats de la basoche future. S'ils eussent dit : ce lieu est un fossé fait par des terrassiers, on eut dit comme du pont de Baune : ce pont fut fait ici. Magnifique découverte qui donne l'immortalité à l'esprit des Baunois autrement que leurs vins.

VI.

Donc, voulois-je dire, le système savant de la *Revue catholique* de Troyes se prévaut de ses *Fosseyacum*, de ses Fosseyum, extraits de ses plus ou moins bons parchemins, simplement pour l'honneur de piquer une tête dans un fossé orné de joncs, de glaïeuls et peut-être de poules d'eau. Il ne voit pas, le malheureux que les *s* mis dans le vocable par lui invoqué, remplacent le *cy* celtique équivalant à rivière. Il ne voit pas qu'il y a là un accident de linguistique, entre deux idiomes qui se disputent l'usage du populaire, ou qui cherchent à se mêler comme deux courants rivaux. Le latin et le gaulois se heurtent à chaque instant ; le peuple maintient ses us et coutumes, son patois sonore et familier : le latin, envahissant toujours, innove et veut effacer ce qu'à toute force il voudroit remplacer. Le paysan, le paganus de la Seine, maintient Foi-cy à travers siècles et révolutions sociales. Le bourgeois gallo-romain lui dit : Attends, je vais t'imposer une orthographe qui te forcera bien à céder le pas dans tes opiniâtretés paysanesques. Mais le paysan dure et sa prononciation avec lui, et le sens primitif pareillement. De même que vous le voyez aller chercher la gogue fleurie de la fête des Viergeottes, il va encore s'agenouiller au bas de l'écriteau de saint Savinien, Foi-cy, fût-il accroché en quelque coin de l'Evêché de son pays.

Mes adversaires, je les vois retranchés derrière le buisson miraculeux de l'évangéliste de Samos ; je les entends me demander d'un ton narquois, si mon système celtique sert beaucoup la prétention de ceux qui veulent Foi-cy au sens traditionnel, comme une prise de possession de la Religion chrétienne, ou une déclaration de premier occupant.

Il suffit, à mon système, qu'il démolisse ses deux rivaux, qu'il démontre leur invraisemblance, pour ne pas dire leur ridicule ; il me suffît qu'il fasse le vocable Foi-cy plus ancien que le Faustus du journal l'*Aube,* plus ancien que le fossé, à grands frais creusé par les ingénieurs de la *Revue catholique* de Troyes. Fossés tant que vous voudrez, docteurs, en prévision du maigre perpétuel auquel se condamnoient les moines, mais encore faut-il que vos fossés ne soyent pas creusés à contre-sens.

Eh bien, je le déclare, je ne crains pas de prendre Foi-cy au sens chrétien, dans la tournure de la tradition et de la légende. Ce sera un mérite de plus que j'ajouterai à l'apologie d'un mot bien fait.

VII.

Tout le monde sait que l'introduction d'idées nouvelles appelle l'introduction de mots nouveaux, de locutions imprévues. Tout le monde sait qu'il y a des époques où la conscience de la caducité appelle la rénovation, où la mode devient souveraine, commande à toutes les têtes, à toutes les bouches, à toutes les façons de poser publiquement l'être humain. Tout le monde sait encore que le contact des peuples amène avec beaucoup de choses, des transactions de verbes, des idiotismes, des agglutinations de syllabes étonnées de se rencontrer, dont l'assemblage est barbare souvent, heureux parfois, significatif toujours. Ne vous rappelez, en ce moment, que les terminologies du chemin de fer, et j'échapperai aux petits inconvénients d'un soupçon de témérité.

Ceci posé, je dis : quoi de nouveau comme l'introduction du christianisme dans nos sombres forêts aussi bien qu'aux grandes clartés de Rome et d'Athènes. A ces grandes clartés, le christianisme, pour se faire entendre, donna une langue nouvelle, des mots de récente facture : sa période grammaticale, même, prend quelque chose de son austérité, témoins toute la patrologie grecque et latine, témoin la création du nom chrétien à Antioche, dès le premier siècle, monté des catacombes aux amphithéâtres avec la rapidité de l'éclair, et qui fit tant de révolutions dans le monde, jusque sur le labarum de Constantin.

Ce qui se passait dans le monde lettré de Rome et d'Athènes ne devait-il pas avoir lieu dans nos *Berts* gaulois, dans nos forêts druidiques, dans nos *Folz* de tout caractère : militaire, télégraphique, liturgique, et même industriel. Le barbare qui, devant l'inattendu, procède toujours par enthousiasme, n'a-t-il pas pu plier ses monosyllabes aux exigences du moment, aux exigences de la bonne nouvelle annoncée par un Apôtre grec? Dans son vocable *Fo*, n'a-t-il pas pu voir soudainement lumière, synonyme de foi religieuse, et l'allier, d'un coup de génie, soit à l'*Is,* l'une de ses divinités, soit à l'*iota* des grecs, ses vieilles connaissances, soit à l'*i* des romains, ses envahisseurs, soit à l'*iod* des hébreux, les ancêtres de Jésus. Dans l'enthousiasme, tout est bon pour traduire un sentiment, toutes les particules de mots se donnent la main pour mettre en évidence une pensée, une émotion d'âme. Donc, en entendant l'étranger de Samos, les gaulois de notre *Bert* ont pu très bien répéter leur Foi-cy, la foi est ici, la lumière, nous la voyons. Quand un peuple a pu créer une formule, quand cette formule est sienne, traduction de son idée, essayez de la lui ôter, vous n'en viendrez à bout jamais, ni par prescriptions pédagogiques, ni par arrêts judiciaires, ni par vétilleries académiques. Les pagani, paysans de nos *Berts*, ayant créé Foi-cy, ils l'ont fait passer à travers les révolutions des Bagaudes, de Jacques Bonhomme, et ce nom, je suis heureux de le retrouver sous la plume du curé de Sainte-Savine, Courtalon, l'auteur de la *Topographie troyenne*, un glossateur, lui aussi, qui n'a dédaigné d'écrire *Fideiacum*. Ce savant, lui aussi, avait lu les terriers dont se targue le linguiste de la *Revue catholique*.

Ici se place naturellement l'assertion de nos agréables linguistes, que le Foi-cy de la vieille abbaye ne peut guère être que du XVI° siècle. De quel an de ce siècle, de quel mois de cette époque, de quelle heure s'il vous plaît, mes doctes interprètes ? Par quel moyen ce XVI° siècle a-t-il introduit sa trouvaille dans le langage usuel de nos bonnes gens, peu familiarisés avec les auteurs français de cette lumineuse époque? Eh! vous le savez bien, littérateurs et philosophes, les noms de lieux ne s'imposent pas au public d'un coup soudain et sans des résistances qui laissent des traces. Un jour, il prend fantaisie à Louis XI d'ôter à la ville d'Arras son vieux nom pour lui donner celui de Ville affranchie. Malgré l'ordonnance royale, Arras continua de s'appeler Arras, et Ville affranchie, quoique nouvelle, rentra dans les vieilles lunes de Plessis-les-Tours. Il en fut de même de Francopolis que François Ier voulait attacher au Havre-de-Grâce :

le Havre-de-Grâce resta lui-même, et Francopolis alla se perdre, je ne sais où, avec le vainqueur de Marignan. Non les noms de lieux ne se créent pas comme cela ; ils croissent avec une butte, un marais, ils s'y attachent avec la ténacité de l'huître, et ne se laissent pas imposer un nouveau baptême selon la fantaisie de parrains improvisés ou de confiseurs débitants de pralines.

Je reviens. Il n'y a pas que l'empire d'une idée pour créer des expressions nouvelles, il y a ce que j'appellerai l'air ambiant, la mode, cette inspiration pénétrante qui est en l'air, apportée des quatre vents par je ne sais quelle providence, que sciemment je substitue au *fatum* philosophique. Reportez-vous, par la pensée, à ce troisième siècle où le christianisme, à force de beauté reluisante dans la robe de ses martyrs, amenoit tout à lui, détournoit tout du cothurne des Césars, reportez-vous y. Etes-vous surpris alors que le peuple eût des Polyeucte pour dire : je vois, je crois, je suis chrétien ; la foi est ici, elle est dans mon ménage, dans mon foyer héréditaire. Et ces Auréliens s'en retournoient chez eux très amoindris, laissant, derrière leur prestige, des reliques comme celles de sainte Jule, de saint Parre, de saint Savinien et de sa sœur Savine, reliques terribles, dont chaque particule crioit au fond des cœurs : la Foi est ici, Foy-ci, elle est notre œuvre, l'œuvre de notre sang animé par la grâce. *Hæc est victoria quæ vincit mundam fides nostra. La victoire qui nous fait rouler le monde sous nos pieds, c'est notre Foi.*

Le linguiste, le glosateur, le paléographe de la *Revue catholique* de l'Aube, après avoir cru substituer son Fossé à la Foi christiano-celtique, donne ce charitable avis aux propriétaires qui se glorifient autant de leur propriété que du nom qui l'ennoblit. Il ne faut pas, leur dit-il, plus jouer avec certains noms de lieux qu'avec le feu.

Puisque notre savant est en veine d'allusions aux proverbes, nous lui rappellerons que, faute d'un point, Martin perdit son âne, et que lui, faute d'un *Cy*, a jeté la Foy dans un fossé de batraciens, de rats, d'anguilles, de sangsues, de tatouilles, de poules d'eau effarées, de hérons unipèdes et de cigognes. Mais l'honorable était embarqué dans l'almanach des postes, pouvoit-il avoir les honneurs d'un autre versement ?

J'arrive au remède, puisqu'à tout il y en a.

VIII.

En vérité, il y a dans la nature des lieux privilégiés et dont l'importance devient surprenante quand on la compare à leur petite valeur. Ce marais, ce désert de Foi-cy est du nombre de ces places du sol dont on ne revient pas et auquel l'attention s'attache par une attraction invincible. Voyez, du IIIe siècle à nos jours, Foi-cy ne cessa d'être un centre, un lieu de rendez-vous, tantôt pour des âmes d'élite réservées à la vie de communauté, tantôt pour des populations entières qui en font un sanctuaire de pèlerinages. Quand la Religion semble avoir délaissé cette terre des martyrs et des moines, l'industrie s'en empare, et des spéculateurs y tentent, avec plus ou moins de bonheur, les chances de la fortune. Les savants font de cette terre historique le thème de

leurs recherches, l'objet de leurs dissertations plus ou moins avouables. Voilà qu'en ce moment même des acquéreurs nouveaux mettent la bêche et la pioche du terrassier dans les champs, hier écorchés par la charrue. Des fouilles se font en vue de tirer du sol les mystères historiques de la vieille abbaye de Foissy, et, du premier coup de fer plongé dans la glèbe, le directeur des travaux est assez heureux pour mettre au jour le plan des deux chapelles contemporaines de Robert d'Arbrisselles. Nos adversaires, eux-mêmes, applaudissent aux recherches et aux trouvailles sans doute comme au correctif, et au redressement de leurs erreurs artistiques. Plus les fouilles, plus les sondages se feront dans la lande de Foicy, le long de la Seine, plus le public se confirmera dans son opinion religieuse sur le nom bien fait de la contrée. Choses animées, choses inanimées sur le sol, sous le sol, n'ont qu'une voix pour dire au promeneur qui pense : ici est un monument de la foi aussi vénérable aux yeux du croyant que détesté par l'homme ennemi. Quand le croyant entend rouler, dans leur lit profond, les flots du fleuve, il lui semble entendre une voix qui dit : Il y a bien longtemps que nous passons périodiquement par ici; depuis plus de quinze siècles, nous arrosons le bâton apostolique de Savinien de Samos et, en vérité, nous n'avons pas mal réussi à le faire fleurir. Le rêveur, en voyant revenir l'hirondelle voyageuse de ses pérégrinations lointaines, prendre possession de son vieux nid aux parois de l'abbaye en ruines, le rêveur lui dit : Doux petit oiseau, et toi aussi, n'es-tu pas une sœur de la foi, une descendante des générations qui ont vu le premier Foi-cy? Et l'oiseau gazouille son affirmation dans un chant beau comme une hymne d'église ; tout à coup des cris d'ouvriers sont répétés par les rives de la rivière et par l'écho des bosquets. Des pierres de taille ! des tombes ! s'écrient ces voix. Les foules affluent et contemplent avec admiration les noms des ermites, les restes vénérables des Frères et des Sœurs qui vécurent des premiers à l'ombre de Foi-cy et dorment maintenant le sommeil de l'Espérance, en attendant la trompette du jugement final. Ne dérangez pas ce bûcheron qui vient de découvrir le tronc d'un arbre géant : il compte les cercles concentriques du vieux bois, et ces cercles concentriques disent six à sept siècles de Foi ici. Le sophiste, lui, ricane au nom de sa propre science. Le croyant, lui, bénit le hasard providentiel qui remet en évidence la croyance des ancêtres. La feuille qui voltige, la mousse qui verdit, le glaïeul qui chante, tout est pour lui le superbe épanouissement de la baguette du thaumaturge de Samos.

Un autre antidote contre le sophisme qui voudroit étouffer l'arbre fleuri de Foi-cy, c'est l'argument invincible du droit, c'est cette prescription que jadis invoquait Tertulien en faveur de la vérité: c'est la condition du possesseur. Je possède, donc je suis dans le droit. Envahisseurs nouveaux, retirez-vous, vous n'êtes que d'hier. *Migrate coloni*. Je suis en possession du nom de Foi-cy depuis des siècles et des siècles. Vous ne m'opposez que des vétilleries inacceptables, des systèmes bizarres fondés sur une orthographe douteuse. Mon nom de choix est conforme à la langue conservée dons nos monuments et nos idiomes particuliers. Foi-cy est mon bien, je le garde. *Melior est conditio possidentis.* Quant à nos contradicteurs, qu'ils sortent de leur fossé s'ils le veulent; je les y engage pourtant, à moins que, comme certaine déïtaille de la fable, ils ne se complaisent à susurrer des choses drôles dans des fétus de roseaux.

Imprimerie du Petit Troyen.

www.ingramcontent.com/pod-product-compliance
Lightning Source LLC
Chambersburg PA
CBHW060625050426
42451CB00012B/2438